ᐱᙳᐊᒐᐃᑦ
PINNGUAGAIT
SPORTS

ᑎᑎᖅᑐᒐᖅᑐᖅ
ᐋᓕ ᕼᐃᓐᓯᔅ

TITIQTUGAQTUQ ILLUSTRATED BY
Ali Hinch

ᐳᐃᔾᔪᕋᖅᑐᖓ.

Puijjuraqtunga.

I am swimming.

ᑐᒃᑲᕆᐊᓕᒃᑐᖓ.

Tukkarialiktunga.

I am cycling.

ᕼᐋᑭᖅᑐᖓ.

Haakiqtunga.

I am playing hockey.

ᐊᖅᑭᔪᖓ.

Aqijunga.

I am playing soccer.

ᑎᓱᕋᖅᑐᖓ.

Tisuraqtunga.

I am sliding.

Nunavummi